有道 AI 出品　数字化生活 区块链 书系

装在口袋里的**区块链**速查小手册

BLOCKCHAIN

中国工信出版集团　电子工业出版社

目 录

壹 大数据术语　/002

　　贰 大数据分析——全球企业应用/006

叁 基于区块链的著名应用程序和去中心化自治组织 /013

　　肆 共识模型比较 /022

伍 企业区块链应用——顶级应用案例　/025

壹 大数据术语

<td colspan="4">以 HADOOP 为活动中心的大数据生态系统关键构成部分</td>			
编号	内容	全写形式	解释
1	OLTP	在线交易处理	在线交易处理（OLTP）是一类系统，用于支持或促进以交易为导向的应用。OLTP 的主要系统特征是即时客户反馈和高个人交易量
2	OLAP	在线分析处理	在线分析处理（OLAP）是很多商业智能（BI）应用背后的技术。OLAP 具有强大的数据发现能力，包括无限报表查看、复杂分析计算、预测性"假设"情境（预算、预测）规划能力
3	ETL	提取、转换、加载	ETL 是提取、转换、加载的缩写，这是合并到同一个工具中的三种数据库功能，将数据从一个数据库中提出来，放入另一个数据库。 ——提取是从数据库读取数据的过程。在这个节点，通常从多个不同源头搜集数据 ——转换是将所提取的数据从原始形式转化成为目标形式的过程，使其能够放入另一个数据库。可利用规则、查找表，或者将数据与其他数据结合的形式来完成转换 ——加载是指将数据写入目标数据库的过程
4	名称节点		名称节点是分布式文件系统的中心部分，又被称为主节点。名称节点仅存储分布式文件系统的元数据——文件系统中所有文件的目录树，能够追踪整个集群的文件。不存储实际数据或数据集，数据本身是被存储在数据节点中的

以 HADOOP 为活动中心的大数据生态系统关键构成部分			
编号	内容	全写形式	解释
5	数据节点		数据节点负责存储分布式文件系统中的实际数据。名称节点和数据节点之间始终保持通信
6	HADOOP		HADOOP 是一个基于 Java 的来源编程框架,支持超大型数据集合在分布式计算环境中的处理与存储。它是 Apache 软件基金会赞助的 Apache 项目的一部分
7	HDFS	HADOOP 分布式文件系统	HADOOP 分布式文件系统(HDFS)是 HADOOP 应用使用的主要数据存储系统。它运用名称节点和数据节点架构,实施分布式文件系统,在高度可扩展 HADOOP 群集中实现高效的数据存取
8	HUE		HUE 是一种颜色的主要性质(称为色表参数),(在 CIECAM02 模型中),从技术角度定义为"一种刺激物能够被描述为近似或不同于所谓红色、绿色、蓝色、黄色刺激物的程度"(在某些颜色理论中,也被称为独特色调)
9	MAP REDUCE		MAP REDUCE 是一种编程模型,它可以利用并行分布式算法在群集上对大数据集合进行相关处理和创建
10	HIVE		HIVE 是一个数据仓库软件项目,位于 Apache HADOOP 的顶端,用于提供数据总结、查询、分析功能。Hive 提供一个类似 SQL 的界面,用于查询存储在与 HADOOP 结合的不同数据库和文件系统中的数据
11	IMPALA		IMPALA 是一个开源的大规模并行处理(MPP)SQL 查询引擎,能够查询 Apache HADOOP 上运行的计算机群集存储数据。IMPALA 是类似 Google F1 的开源版本,也正是 Google F1 激发了 2012 年 IMPALA 的开发

以 HADOOP 为活动中心的大数据生态系统关键构成部分			
编号	内容	全写形式	解释
12	TEZ		TEZ 是由谷歌提供的一个移动支付服务，目标用户位于印度。它在印度国家支付集团开发的统一支付界面上运行，可以在任何接受统一支付界面的地方使用
13	PIG		PIG 是一个程序编制的高层次平台，在 Apache HADOOP 上运行。这个平台的语言被称为 Pig Latin(拉丁猪)。该语言可以在 MAP REDUCE、Apache Tez 或 Apache SPARK 上执行 HADOOP 的工作
14	SPARK		SPARK 是一个开源集群计算框架。一开始由加利福尼亚大学伯克利的 AMP 实验室开发，在 SPARK 代码库被捐赠给 Apache 软件基金会之后，SPARK 一直由该基金会负责维护。SPARK 为整个集群编程提供了一个界面，具有隐式数据并行和容错功能
15	SCALA	可扩展语言	SCALA 是一种通用的编程语言，支持功能编程和强大静态系统。出于精简考虑，SCALA 的很多设计决策都是为了解决 Java 的问题而做出的
16	RDBMS		关系数据库管理系统（RDBMS）是一个基于关系模型的数据库管理系统（DBMS），由著名的 IBM 圣何塞研究实验室 Edgar F. Codd 发明。如今广为使用的大部分数据库都以该关系数据库模型为基础
17	No SQL	非 SQL	NoSQL（原先是指"非 SQL"或"非关系"）数据库提供了一种存储与检索机制，服务于那些非关系数据库中表格关系建模的数据
18	HDB		HDB 为 Hortonworks 提供了大数据生态系统中缺失的链接，它已经取代了 IMPALA，为开源社区能提供更方便的使用方法和更加稳健的大规模并行处理（MPP）工具

以 HADOOP 为活动中心的大数据生态系统关键构成部分			
编号	内容	全写形式	解释
19	CASSANDRA		CASSANDRA 是一个自由、开源的分布式 NoSQL 数据库管理系统，它是专门为解决很多社区服务器中大量数据处理而设计的，它不仅可用度高，而且没有单点故障
20	MONGODB		MONGODB 是一个自由、开源的跨平台文件导向数据库程序。MONGODB 被划分为 NoSQL 数据库程序，在架构中使用类 JSON 文件
21	SQOOP		SQOOP 是一个命令行界面应用程序，用于关系数据库和 HADOOP 之间的数据传送
22	OOZIE		OOZIE 是一个基于服务器的工作流程规划系统，用于处理 HADOOP 工作。OOZIE 中的工作流程被定义为在定向无环图中的一组控制流和行动节点
23	ZOOKEEPER		ZOOKEEPER 是一个开源的 Apache 项目，提供中心化基础设施和服务，实现 Apache HADOOP 集群中的同步
24	CSP	云服务供应商	云服务供应商（CSP）是指在云端提供网络服务、基础设施、业务应用自一些公司。云服务驻在能够被公司或个人利用网络互联性而访问的数据中心
25	CLOUD ERA		Hortonworks 是一个位于加利福尼亚州圣克拉拉市的大数据软件公司。HADOOP 由该公司开发与支持，可以实现分布式处理计算机集群之间的大数据集合

贰 大数据分析——全球企业应用

大数据及分析应用案例						
序号	行业	组织	原因	事件	方式	结果
1	零售业	沃尔玛	最大化客户服务、最小化缺货以及迅速解决已确认的问题	Data Café能够进行近实时分析,以便立刻采取行动	HADOOP、CASSANDRA、SPARK、R&SAS可用于存储、处理、分析、展示	管理来自200个外部来源的2000亿行交易数据,使得循环时间从3周缩短到20分钟
2	科研	欧洲核子研究委员会	每秒监测数百万次碰撞,这些碰撞带来持续百万分之一秒的亚原子碎片,产生大量的数据	百万次碰撞产生图像,这些图像由100兆像素的高清摄像机捕捉,并在算法帮助下进行分析	LHC计算网格扫描170个计算中心和35个国家,具有200000核和15贝塔字节的磁盘空间,每秒将全球合作机构300GB的数据压缩到300MB	并行分布式系统的处理能力在2013年帮助科学家找到了希格斯玻色子微粒

大数据及分析应用案例					
序号	行业	组织	原因	事件	方式	结果
3	在线娱乐	网飞	与创造内容投入的精力相比,内容的需求并不可预测	对搜集的消费者喜恶、经历及人口学、地理等数据进行大数据分析,为推荐引擎和名称标记提供资料。客户消费者可以细分为80000类	大量使用 AWS、HADOOP、Hive、Pig 等大数据技术、Teradata 和微策略等商业智能工具、SPARK 等机器学习及分析工具、Lipstick 和 Genie 等专利工具	网飞创新实现的预测式内容编程使其在与同行竞争中获得一个非常大的砝码,复合年增长率超过20%。
4	汽车和航空	劳斯莱斯	武装部队和超过500条航线使用的引擎,一旦发生故障,将造成大量人员伤亡和不可挽回的损失	需要分析喷射发动机设计阶段所产生的数万兆字节的数据、安装到引擎和推进系统中每个零件中的物联网传感器在制造、维护、售后服务、飞行中产生的数据,用于保护和改善行动	广泛运用物联网传感器、高功率集群计算机、大数据技术,实现从设计到制造、维护、售后服务的每步操作的数据都可以被存储、处理、分析,并实时、主动测量真实的飞行数据,消除发生任何故障的隐患。防差错系统能够保障数百万个部件的无故障运行。	大幅降低设计与生产成本,创新服务模式。根据引擎使用小时来向客户收费 几乎零故障,比 Six sigma 方法要好得多(每十亿中平均3.6个瑕疵)

大数据及分析应用案例							
序号	行业	组织	原因	事件	方式	结果
5	石油和天然气	壳牌	运营成本增加,石油产量减少,导致利润空间缩小,对生存造成威胁	搜集和分析与钻井系统相连的传感器数据。新石油的地震波监测发现:性能分析能够广泛应用于零售、经销、物流等领域。	亚马逊网站服务器上的大数据服务器、油田和潜在资源的3D及3D可视化、来自SAS的分析数据为全球领先公司的客户关系管理提供基础	在所有运营领域,显著改善效率,包括开采、经销、零售
6	社交媒体	脸书	在保证营利的情况下,管理、挖掘、服务15亿用户和250万条内容,这是个巨大的挑战	从用户处搜集的数据与用户购买模式进行匹配,用于挖掘目标广告及交叉推广	诸如PHP、MySQL、HADOOP、HBase、Hive等开源技术	在访客流量方面具有显著的吸引力,通过数字营销努力提供无数数据点,解锁巨大价值
7	社交媒体	LinkedIn	四亿一千万的用户对营利性服务提出了一个重大挑战	数据科学家团体分析了每个消费者的每次点击,为他们推荐新闻、联系、订阅计划,提供正确的广告	利用多个数据中心、在HADOOP上运行的几千台机器,包括Oracle、MySQL、Pig、Hive、Hafka、Voldemort及Espresso其他平台与工具,展开数据存储和确定分析点	显著的吸引力及持续超过10%的季度销售额增长,利润增加
8	金融服务	苏格兰皇家银行	缺乏与客户的个人接触,影响销售与营利	通过个人学及高级数据挖掘、分析技术,利用技术交付定制推荐和私人问候	Pegasus的客户关系管理软件、Cloudera的大数据HADOOP平台、NoSQL的Cassadra,用SAS进行分析	显著改善客户满意度,更好地留住客户

| \multicolumn{7}{c}{大数据及分析应用案例} |

序号	行业	组织	原因	事件	方式	结果
9	政府	美国移民署	全球恐怖主义威胁增加以及潜在入境人员可能给国家造成巨大危害	部署在国家入境点的AVATR（事实评估的自动虚拟代理）系统，能够扫描入境人员，将其与可疑人员档案进行比较	广泛运行机器人、高精音频视频监控系统、大数据搜集、处理、分析。广泛运用人工智能和机器学习技术	显著增强刻画移民的准确程度，自从应用以来，几乎零威胁，因此该系统具有震慑作用，降低人为失误，有些人为失误可能存在致命危险
10	产业集群	GE	在使用通用机械和涡轮发动机的不同行业，其操作级别都比较高，即使最小级别的低效也会带来巨大损失	行业物联网传感器被安装到数千个客户正在运行的几十万机器上，实时进行数据的搜集与分析	利用数十万物联网传感器从行业客户处获得千兆位字节的数据，传至基于HADOOP的数据湖，用Productivity、Fredix服务等专利工具以及合作伙伴开发的工具（如Pivotal和Accenture）来分析数据	根据行业标准，通用的供应机器具有最高级别的效率和最短的宕机时间，这使得通用成为质量、可靠、精度及性能的代名词，使其成为一个真正的市场领袖
11	媒体	BBC	在吸引和留住观众兴趣方面存在激烈竞争，需要尽可能传递最佳的媒体通知、娱乐、教育服务	广泛运用算法能力预测分析来为观众产生推荐服务。社交媒体分析和预测性建模，在正确的时间，为正确的观众创造正确的内容	利用编程工具、分析技术&诸如Excel、Google Fusion表等支持的智能记者。大量数据分析师与Apache Solr等大数据技术、数据科学相关工具（如MySQL、Python、R等）一起合作	极端高效的操作使其保持领先，保持最高级别的道德与正直，不用太多地依赖广告商，这是该公司从创立开始就坚持的基本价值观

大数据及分析应用案例					
序号	行业	组织	原因	事件	方式	结果
12	宾馆	Airbnb	全球数百万房源和几千万客人都在提供/使用租住服务	紧密追踪消费者的心声，容纳友好型工具，列出和协助适当的定价，广泛运用数据科学和大数据分析	利用亚马逊EC2集群上的HDFS集群、诸如Hive等查询语言、开源的Presto数据库、专利的机器语言平台Aero Solve、数据分析平台、Air pal等，实现稳健的推荐服务和诈骗检测及预防系统	大幅增长，在分析的带动下，超过30%的员工利用数据驱动的分析平台进行决策，实现全面参与，有利于无缝的向上扩展
13	金融服务	益百利	全球的银行、金融、保险公司都依靠益百利来获得信用参考数据。这些金融机构需要精准确定潜在借款人的最佳贷款能力	搜集目前客户和潜在客户的人口、心理、地理数据，从不同维度刻画客户形象，同时还要从公共记录、当地国家诈骗预防服务获取数据，利用这些数据来预测借款人在自己支付能力范围内的付款倾向	开源的HADOOP架构，SPARK及Hive，通过数据可视化工具（如Table）储存、处理、分析大量的高速数据	益百利在全球金融服务行业扮演着重要的角色，是这个行业的中坚力量，不断进化，保持应对网络攻击的能力，检查网络犯罪行动，起到震慑犯罪分子的作用
14	技术产品与服务	IBM Watson	计算机受到程序员能力的限制，而Watson能够通过自学来改善结果的精	通过自然语言处理、机器学习，访问全球信息资源库，使Watson引擎能够不断改善自己的分析能力和提高工作效率，保证高度精	IBM在开源Apache HADOOP大数据框架上运行的深度分析引擎，配备有90多个IBM 750服务器，服务器具有	IBM的合作伙伴遍布各行业，它们可以利用认知计算来大幅改善自己的生产率、精准

大数据及分析应用案例					
序号	行业	组织	原因	事件	方式	结果
			确性	确性，让合作公司收获显著的绩效利益	16太字节的RAM，每秒处理500GB的数据	度、营利性
15	技术产品与服务	谷歌	要想让不停在全球网站冲浪、浏览几百万页数据的消费者获得自己寻找的信息，这个任务非常艰巨，几乎是不可能的	每天由谷歌专利PageRank算法支持的网络爬虫和网络蜘蛛搜寻几十亿字节的信息，覆盖35万亿网页和20千兆字节的信息，为在线冲浪者尽可能提供最佳的信息	专利数据库和分析平台、Big Table、Big Query，由PageRank算法支持下的自有云平台和先进的人工智能/机器学习，一起实现精准的客户行动预测	在操作的核心领域保持领袖地位，收入基础增长，成功进入尖端领域，如自动驾驶汽车、家庭自动化等
16	运输	Uber	大量国际化司机、乘客、位置地图、当地情况的数据流，需要进行同步，用于运营、战术、策略等目的	实时搜集来自全球的数据，包括GPS数据、司机信息、司机打分、交通状况、动态的现场需求预测等，流经大数据平台，利用强大的分析引擎进行分析，持续广播采取的行动	利用HADOOP数据湖和Apache SPARK来处理数据	在全球范围内实现快速增长，准确预测各个地点和各个时间段的需求，促其动态定价和价格-价值匹配，实现最佳营利性，获得合作伙伴满意，留住客户
17	社交媒体	Twitter	大量信息流经门户网站，可能含有有价值的洞见，如果没有得到及时分析的话，可能造成浪费	与IBM合作分析特定客户的数据，利用分析来改善自身业绩	来自IBM、由Watson分析提供的Big Insights HADOOP服务	针对特定客户的POC，将客户的Twitter信息流与IBM Watson的分析结合起来，显著改善客户损耗率

大数据及分析应用案例					
序号	行业	组织	原因	事件	方式	结果
18	电商	亚马逊	太多的目录和注册零售商，让顾客感到迷茫	以360度的视角实时搜集流媒体服务的浏览器、顾客、用户，利用协同过滤来提供推荐服务，找出能够帮助客户做出适合自己需求的选择的模式	专利平台、亚马逊云服务，由Hewlett Packard的软件提供支持，在Linux上运行Oracle	在收入和客户满意度上取得大幅进步，使得公司向每年收入与利润达到1000亿美元目标迈进
19	航线	阿提哈德航空公司	严重的竞争和人力资源的浪费使收入降低、成本增加，影响了业绩的提升	密切监测航班流量、容量利用、动态定价、改善服务、提升顾客满意度	利用Cloudera支持的HADOOP平台建立数据湖，利用人工智能和机器学习来支持分析数据。在各个运营领域广泛运用大数据技术	显著改善容量利用，营业额的显著提升使得大数据投资得到高额的回报

**想要了解更多有关全球范围内公司和政府对大数据分析的广泛应用案例，可参考Bernard Marr的《实践中的大数据》。

叁 基于区块链的著名应用程序和去中心化自治组织

顶级区块链业务模型、平台、去中心化自治组织			
运营领域	服务类型	网址	简述
社交媒体奖励	基于区块链的服务	https://sola.ai/	一个去中心化社交媒体网络,利用人工智能/机器学习技术来从广告和用户处获得收益,而且不受到出块和审查的影响
社交媒体奖励	基于区块链的服务	https://mewe.com/	类似 Twitter 的服务,承诺无广告、无审查、无追踪
社交媒体奖励	基于区块链的服务	https://obsidianplatform.com/	黑曜石,一个采用权益证明、基于 Stratis 的区块链通信服务商,类似于脸书,可以绕开"跟踪器"审查和监管。数据不用于分析和广告
社交媒体奖励	基于区块链的服务	https://nexusearth.com/	量子抵抗加密货币,让用户通过将加密编码的交易,在市场买卖、购买广告空间、捐赠给众筹活动
社交媒体奖励	基于区块链的服务	https://indorse.io/	Indorse 是一个基于以太坊、类似于 LinkedIn 的服务商,意在通过自己的货币促进"技术经济"
社交媒体奖励	基于区块链的服务	https://www.synereo.com/	AMP 可以为原始在线内容发布的创作者和保护者实现货币兑现,不需要任何发布者、媒体、中间人
社交媒体奖励	基于区块链的服务	https://akasha.world	Akash 是一个类似 Twitter 的平台,让专业人士创业,Akash 结合以太坊和 IPFS 技术,建立了一个无须审查的社交媒体平台
社交媒体奖励	基于区块链的服务	https://leeroy.io/	一个提供类似 Twitter 的服务的平台,建立在区块链上,奖励用户的参与及内容创造

顶级区块链业务模型、平台、去中心化自治组织			
运营领域	服务类型	网址	简述
去中心化域名服务器	基于区块链的服务	https://blockstack.org/	Blockstack 是一个新兴的去中心化应用网络,其用户可以使用自己的数据。区块链平台帮助创业者和工程师建立这些应用程序,提供更好的终端用户体验
可追溯性	基于区块链的服务	https://www.blockverify.io/	Block Verify 提供在制药、零售、奢侈品、电子行业,验证假冒、窃取、转移商品和诈骗交易的服务
身份验证	基于区块链的服务	https://www.cambridge-blockchain.com/	Cambridge Blockchain 为用户提供数字身份服务,解决透明性和隐私性等挑战,提供客户验证服务,实现更强的监管服从性,降低成本,实现无瑕疵的客户体验
身份验证	基于区块链的服务	https://www.civic.com/	Civic 可以实现机动性,用户控制 KYC,身份窃取保护,允许用户利用自己的身份信息获利
身份验证	基于区块链的服务	https://www.existenceid.com/index.html	平台可以为用户所有身份文件提供极为安全和私密的身份胶囊,让用户自主选择是否分享该类信息
博彩	去中心化应用	https://www.cryptokitties.co/	CryptoKitties 是一款基于区块链的虚拟游戏,由 Axiom Zen 开发,玩家可以购买、搜集、繁殖、销售不同类型的虚拟猫咪
忠诚度	去中心化应用	https://bitrewards.network/	BitRewards 是一个区块链忠诚度平台和生态系统,加密货币中的现金返还和忠诚点。商户可免费获得优质的人工智能驱动奖励平台。顾客购买商品时可获得加密货币奖励
物联网数据兑现	去中心化应用	https://databrokerdao.com/	DataBroker DAO 是首个买卖传感器数据的市场。作为一个利用区块链技术实现的物联网传感器数据去中心化市场,DataBroker DAO 让传感器物主能够将产生的数据变成收入来源

顶级区块链业务模型、平台、去中心化自治组织			
运营领域	服务类型	网址	简述
数据兑现	去中心化应用	https://repux.io/	RepuX 实现几百万小企业的数据变现，帮助中小企业通过访问大型可信任数据池来获得人工智能和机器学习功能
P2P 电商	去中心化应用	https://www.openbazaar.org/features/	Openbazaar 是一个 P2P 电商平台，没有任何中心化控制，如亚马逊和 Ebay 等，没有中间商从每笔销售中抽成，是完全自由的电子商务
P2P 电商	去中心化应用	https://storiqa.io/	Storiqa 是一个创新的电商平台，用户可以利用加密货币来买卖商品。该平台消除了金融限制、额外费用、评论造假等问题
基础设施	去中心化应用	https://gladius.io	Gladius 利用市场的空闲带宽管理 DDOS 攻击。用户可以出租自己计算机上多余的网络带宽，挣取 Gladius 代币
P2P 运输	去中心化应用	https://lazooz.org/	LaZooz 是一个点对点骑行共享应用平台，该平台可以实现合作转化
P2P 消息传送	去中心化应用	https://www.getgems.org/	GetGems 是一个全功能的即时通信应用程序，可从苹果商店和安卓上下载比特币和 Gems 钱包，简单且免费
P2P 消息传送	去中心化应用	https://bitmessage.org/wiki/Main_Page	Bitmessage 是一个去中心化的加密点对点不可信通信协议，一个人可向另一个或多个订购者发送加密信息
P2P 家庭共享	去中心化应用	https://www.beetoken.com/	Beenet 是一个 P2P 家庭共享网络，将房屋所有者和客人连接在一起，不用任何中间商或佣金

顶级区块链业务模型、平台、去中心化自治组织			
运营领域	服务类型	网址	简述
GIG 经济	去中心化应用	https://www.bluewhale.foundation/	BWX 是一个服务自营人员的去中心化生态系统。一个让自由职业者和自营人员根据投稿获得奖励和雇佣利益的去中心化生态系统
金融及共享交易	去中心化应用	https://www.trakinvest.com/	Trakinvest 是世界上首个社交交易平台,用于股权、加密货币、人工智能引擎的交易
存在证明	去中心化应用	https://www.po.et/	Po.et 为创造性工作生成不可变的带时间戳的所有权,将用户的资产登记到 Po.et 网络上,受到比特币区块链的保护。元数据的属性是安全的、可验证、不可变的
农业	区块链	http://agriledger.com/	一个用于大型货物的区块链。该区块链利用分布式加密账本技术和移动应用程序,创建一个小型农民合作社信任循环
安全	平台	https://airbitz.co/	Airbitz 是一个服务区块链应用程序的单点登录安全平台
策略	咨询	https://alphapoint.com/	AlphaPoint 帮助机构与公司发现和实施区块链策略。它为世界上不同交易所提供支持,包括金融机构的交易所。Alpha Point 的核心方案包括通用的许可链方案、数字资产交换、订单路径、自动化市场交换

顶级区块链业务模型、平台、去中心化自治组织			
运营领域	服务类型	网址	简述
供应链	区块链	https://www.descartes.com/appterra	《区块链：供应链上的下一个大事物》
服务	区块链即服务	https://www.ardorplatform.org/	Ardor 是一个新一代区块链即服务平台。它建立在成功的 Nxt 技术基础上，根据设计，具有无限的扩展性、安全的智能合约、可定制的子链。这些特征都是可以增加商业利润、效率、安全性
艺术家及创作家	区块链	https://www.ascribe.io/	一个可以锁定供稿，安全地存储和分享用户作品同时保护版权的区块链平台
预测	服务应用	https://www.augur.net/	一个开源去中心化的点对点预测市场平台
服务	数据库	https://www.bigchaindb.com/	BigchainDB 让行业领导者能够建立高性能和可扩展的企业应用程序、平台、网络
咨询	服务	https://bitfury.com/products	BitFury 集团提供全系列的产品，包括软件和硬件，让企业与政府能够将区块链技术运用到他们的工作中
房地产	区块链	http://landing.bitland.world/	Bitland.World 的存在就是要提供中坚力量，它利用尖端技术实现房产产权的民主化，解锁土地资本
大数据	应用&服务	https://bitmark.com/	一个将数字资产与数据转化成钱的应用
招聘	应用&服务	Bitwadge.com-未开放	一个针对海外员工，提供远程工作发布和工资管理方案的平台

顶级区块链业务模型、平台、去中心化自治组织			
运营领域	服务类型	网址	简述
艺术家及创作家	基于区块链的服务	https://binded.com/	Binded 是世界上首个版权平台
服务	区块链平台	https://blockapps.net/features/	一个部署和管理企业区块链应用的区块链平台
健康医疗	区块链	https://blockchainhealth.co/	医疗程序开发人员可以将数据填入卡片里面，用户可用来与研究机构共享
基础设施	网页服务	https://www.blockcypher.com/	BlockCypher 是一个区块链应用的基础设施构造，在云端驱动区块链。用户可通过区块链网站服务：http://dev.blockcypher.com，轻松创建可靠的区块链应用
咨询	服务	https://www.blockness.io/	一个提供咨询与顾问服务的平台
制药	区块链	https://www.blockpharma.com/	一个制药区块链，可以实现药物的可追溯性
金融	服务	https://thisisbud.com/	一个网上平台与应用程序，让用户能够根据个人洞见，在一个简单的面板上管理自己的金融产品。Bud 的市场引进了相关服务，用户能够通过应用程序接口集成与其互动
人力资源	区块链	https://www.cambridge-blockchain.com/	Cambridge 区块链将个人身份数据的控制权交回终端用户手中。该平台允许金融机构达到最严格的新数据隐私规定，消除冗余的身份服从性检查，改善客户体验

顶级区块链业务模型、平台、去中心化自治组织			
运营领域	服务类型	网址	简述
众包	去中心化组织	https://colony.io/	DAO 是一个去中心化自治组织，Colony 没有采用容易犯错误的个人管理，而是利用人工智能来聚集大众智慧，保证正确的事情由正确的人在正确的时间完成。现在，人们可以就大型项目举行会议，彼此合作，甚至建立公司，可以管理和衡量生产力，为人们提供付款方式。Colony 允许创作者在它们自己的加密货币——"nectar"中存储价值
服务	比特币增值	https://counterparty.io/	Counterparty 通过写入正规比特币交易的利润和采纳寻常比特币软件所不具有的创新和先进特色，扩展了比特币的功能
服务	去中心化应用	https://wingsfoundation.ch/?whitepaper=	一款针对基于区块链的评估、融资、早期适配参与的去中心化应用。
房地产	区块链	https://epigraph.io/	一家位于奥斯丁的房地产区块链技术公司，该公司建立了透明、防篡改的新一代所有权注册方案，适用于国内外组织
以太坊	平台	https://ethereum.org/	一个写入和分布去中心化应用的开源平台。以太坊采用作为关键应用的智能合约，这些智能合约能够精确地按照编程进行运行，不会出现诈骗、第三方介入、宕机等问题

顶级区块链业务模型、平台、去中心化自治组织			
运营领域	服务类型	网址	简述
医疗记录	区块链	https://gem.co/health/	一家基于区块链的医疗记录管理的技术公司
假冒防护	服务	https://www.hikitag.com/about-us.html	Hikitag 是一个独家注册和点对点验证服务提供商,意在保护品牌及其粉丝不受假冒伪劣的侵害。用户的产品携带一个独特 ID 编号的标签,一旦激活,用户在 Hikitag.com 或者利用 APP 注册,就会匹配
服务	平台	https://hyperledger.org/	Hyperledger 包括金融、银行、物联网、供应链、制造与技术等领域的领袖
紧急部署	平台	https://www.multichain.com/	Multichain 帮助组织迅速在区块链建立应用,为众多行业的应用程序和流程建立共享账本
区块链 2.0	平台	https://nxtplatform.org/what-is-nxt/	NXT 平台包括很多核心层特征,如去中心化资产交换、市场、投票系统,以及 NXT 自己的数字货币
点对点电商	应用&服务	https://www.openbazaar.org/	"OpenBazaar"是另一种网上电商的形式。用户不需要访问网站,而是在电脑上下载和安装一个程序,将用户和其他希望与用户买卖商品和服务的人直接联系到一起。这种点对点网络不受任何公司或组织的控制,它是由希望直接彼此交易的人们组成的一个社区
健康医疗	区块链	https://patientory.com/	一个提供医疗记录资料库的区块链平台
金融	区块链	https://www.pufin.org/	一个提供点对点借款的区块链平台
艺术及音乐	服务	https://revelator.com/	一个提供音乐行业分析的区块链平台
金融	方案	https://ripple.com/	世界上唯一针对全球支付的企业区块链

顶级区块链业务模型、平台、去中心化自治组织			
运营领域	服务类型	网址	简述
身份验证	基于区块链的服务	https://shocard.com/	Shocard 是一家身份识别管理初创公司,具备数字身份认证功能和一个身份系统,按照消费者和企业希望的方式实现安全、隐私、随时防诈骗保护功能
社交媒体奖励	基于区块链的平台	https://steem.io/	Steem 是一个基于区块链的社交媒体平台,其中任何人都可以获得奖励
房地产	区块链	https://www.ubitquity.io/site/index.html	UBITQUITY 是一个区块链保护的平台,用于房地产交易及记录保存
音乐	基于区块链的平台	https://ujomusic.com/	该平台正在建立一个艺术人之家,让艺术家们能够持有和控制自己的创造性内容,通过直接与世界分享自己的音乐才华来赚取金钱
管理咨询	基于区块链的服务	https://www.vanbex.com/	Vanbex 集团是一个专业的区块链服务公司,创建于 2013 年,提供创新的应用开发、产品策略、管理咨询、投资营销服务
供应链	区块链	https://wavebl.com/	WAVE 将供应链上的所有成员都连接到一个去中心化的网络上,让他们能够直接交换文件。WAVE 的应用程序管理区块链上的文件所有权,消除纠纷、伪造及不必要的风险
社交媒体奖励	基于区块链的服务	https://ong.social/	ONG MEDIA 是一家服务影响者和用户的社交媒体面板,在以太坊上运行,以 Waves 作为后端

顶级区块链业务模型、平台、去中心化自治组织			
运营领域	服务类型	网址	简述
计算机基础网	基于区块链的服务	https://golem.network/	Golem 通过去中心化的超级计算机,让其成员获取集体算力,利用机器上的算力获得利润
计算机基础网	基于区块链的服务	https://storj.io/	Storj 允许成员在电脑上端对端加密去中心化存储,多余的硬件存储空间可实现点对点交易

肆 共识模型比较

参数	工作量证明	权益证明	消逝时间量证明	委托权益证明	实际拜占庭容错(PBFT&变体)	联盟 BFT	N2N	循环签名	Tendermint	权威证明
描述	通过证明工作量的博弈工程,未经确认的参与者也能参与	具有证明权益的参与者参与一个受权益影响的抽奖机会,	与工作量证明一样,矿工不需要支付货币,但是可以随机	与权益证明一样,但是权益持有者参与提名的选举参与者才能	确认身份的参与者参与交易的批准	从受信任的验证员池中进行数轮的投票选举	在受信任的第三方认可的节点之间达成交易级别合约	由产生后续区块的节点以循环签名的方式来批准交易	带加权验证者的可插式权益证明	普遍认可的验证员根据自己的权益来审批交易

参数	工作量证明	权益证明	消逝时间量证明	委托权益证明	实际拜占庭容错(PBFT&变体)	联盟BFT	N2N	循环签名	Tendermint	权威证明
	区块创建	选出宣布区块创建的领袖	宣布等待时间,等待时间最短的即成为获胜者	够参与区块的创建						
区块链类型	公有链	公有链	公有链/私有链	公有链	私有链/联盟链	私有链/联盟链	私有链/联盟链	私有链/联盟链	公有链	私有链
节点身份管理	开放式、完全去中心化	开放式、完全去中心化	取决于使用案例	开放式、完全去中心化	已确认	已确认	已确认	已确认	开放式、完全去中心化	已确认
容错	<25%	<50%	<25%	<33%	<33%	<33%	<33%	<25%	<50%	<33%
平台代币	有	有	无	有	无	无	无	无	有	无
节点可扩展性	高度	高度	有限(待验证)	高度	有限(经测试,最大扩展性为100)	高度	高度	高度	高度	高度
客户可扩展性	优秀	优秀	高	优秀	非常高	高	高	高	优秀	高

参数	工作量证明	权益证明	消逝时间量证明	委托权益证明	实际拜占庭容错（PBFT&变体）	联盟BFT	N2N	循环签名	Tendermint	权威证明
产出	低	高	中等	高	高	高	高	高	高	高
延迟	差	优秀	优秀	优秀	优秀	良好	良好	优秀	良好	良好
交易达成	无	几乎100%	无	几乎100%	有	有	有	有	几乎100%	有
实施成本	低	中等	中等	中等	中等	不适用	高	低	中等	高
对验证人的信任	不信任	担保验证	不信任	不信任	信任	信任	信任	信任	担保验证	信任
功率消耗	非常差	可忽略	可忽略	可忽略	可忽略	可忽略	可忽略	可忽略	可忽略	可忽略
举例	比特币、以太坊（HS）	以太坊（Casper）	超级账本Sawtooth	EOS/Cardano	超级账本Fabric	Ripple	R3 Corda	Multichain	Cosmos	以太坊Parity
正确性证明	无	无	无	无	有	有	有	无	无	有
网络同步假设	是	是	是	否	否	否	是	否	是	是
开发友好型	高	高	低	高	低	低	低	是	高	低
参与成本	有	有	无	有	无	无	无	无	有	无

伍 企业区块链应用——顶级应用案例

序号	应用		加密资产	领域	关键事件	实施方法	关键点	平台选择
1	协议、票据、账单、工时表、多方批准	人力外包及第三方工资表	平台内部代币	企业联盟	书面工作、信任、延迟、利润漏洞	联盟链和一对一智能合约	工序流程及共识机制的自动化	超级账本 Fabric、R3 Corda
2	车辆管理、根据客户协议的交付、员工服务	业务流程外包、知识流程外包	平台内部代币	企业联盟	书面工作、信任、延迟、利润漏洞	联盟链和一对一智能合约	工序流程及共识机制的自动化	超级账本 Fabric、R3 Corda
3	HCM、CRM、制造、合作、零售&经销、内部批准、维护、资产与物联网设备、IT基础设施	公司资源	平台内部代币	企业治理	信任、延迟、书面工作	适用于所有分支机构、部门、委派员工及假名的私有许可链	工序流程及共识机制的自动化。带有复制功能的可更改外部数据库	超级账本 Fabric、R3 Corda
4	股票、私人股权、众筹、债券、共同基金、衍生物等	金融资产	平台内部代币	企业治理	信任、延迟、文书工作	许可链、私人可变访问、公证人、监管方、审计资格限制	工序流程及共识机制的自动化。带有复制功能的可更改外部数据库	超级账本 Sawtooth、R3 Corda

序号	应用		加密资产	领域	关键事件	实施方法	关键点	平台选择
5	跨境交易、运输、海运	进出口	不适用	企业供应链	信任、延迟、文书工作	许可链、私人可变访问、公证人、监管方、审计资格限制	工序流程及共识机制的自动化。带有复制功能的可更改外部数据库	超级账本Fabric
6	保险：公民、车辆、机器、财产	风险管理	不适用	企业财务	信任、延迟、文书工作	许可链、私人可变访问、公证人、监管方、审计资格限制	工序流程及共识机制的自动化。带有复制功能的可更改外部数据库	超级账本Sawtooth、R3 Corda、企业以太坊
7	跨境汇款	金融资产	不适用	企业财务	信任、延迟、文书工作	许可链、私人可变访问、公证人、监管方、审计资格限制	工序流程及共识机制的自动化。带有复制功能的可更改外部数据库	超级账本Sawtooth、R3 Corda、企业以太坊
8	创业、新创公司、孵化器	创新	平台内部代币	企业财务	信任、延迟、文书工作	许可链、私人可变访问、公证人、监管方、审计资格限制	工序流程及共识机制的自动化。带有复制和伪平台身份功能的可更改外部数据库	超级账本Sawtooth、R3 Corda
9	结婚证、出生证、死亡证	公共记录	不适用	治理	信任、延迟、文书工作	许可链（公共访问）	工序流程及共识机制的自动化。带有复制和伪平台身份功能的可更改外部数据库	超级账本Sawtooth、企业以太坊

序号	应用		加密资产	领域	关键事件	实施方法	关键点	平台选择
10	土地、财产、车辆、公司注册	公共记录	不适用	治理	信任、延迟、文书工作	许可链（公共访问）	工序流程及共识机制的自动化。带有复制和伪平台身份功能的可更改外部数据库	超级账本Sawtooth、企业以太坊
11	车辆	公共记录	不适用	治理	信任、延迟、文书工作	许可链（公共访问）	工序流程及共识机制的自动化。带有复制和伪平台身份功能的可更改外部数据库	超级账本Sawtooth、企业以太坊
12	退休金补贴、利益管理	公共记录	不适用	治理	信任、延迟、文书工作	许可链（公共访问）	工序流程及共识机制的自动化。带有复制和伪平台身份功能的可更改外部数据库	超级账本Sawtooth、企业以太坊
13	护照、身份、投票人、驾驶证	确认记录	不适用	治理	信任、延迟、文书工作	许可链（公共访问）	工序流程及共识机制的自动化。带有复制和伪平台身份功能的可更改外部数据库	超级账本Sawtooth、企业以太坊
14	借据、协议、合同、遗嘱、信托、托管、债券	私人记录	不适用	IAS（身份、验证、安全）	信任、延迟、文书工作	许可链（公共访问）	工序流程及共识机制的自动化。带有复制和伪平台身份功能的可更改外部数据库	超级账本Fabric、Factun

序号	应用		加密资产	领域	关键事件	实施方法	关键点	平台选择
15	物联网：家庭自动化、汽车、机械、供应链、企业资产追踪	物联网	加密货币	IAS（身份、验证、安全）	信任、延迟、文书工作	许可链、公共访问、自动共识、先进分析、身份管理和安全结合	设备级别身份管理和外部保护、复制数据库,利用 Swarm、IPFS、Storj、Maid 安全支持	企业以太坊、ADEPT、IOTA
16	社交媒体	消费者服务	平台代币	P2P 信息	信任、延迟、文书工作	DAO（去中心化自治组织）	工序流程及共识机制的自动化。带有复制和伪平台身份功能的可更改外部数据库	以太坊、EOS、NEM
17	招聘门户网站	消费者服务	平台代币	P2P 保密	信任、延迟、文书工作	DAO（去中心化自治组织）	工序流程及共识机制的自动化。带有复制和伪平台身份功能的可更改外部数据库	以太坊、EOS、NEM
18	汽车交换	消费者服务	平台代币	P2P 保密	信任、延迟、文书工作	DAO（去中心化自治组织）	工序流程及共识机制的自动化。带有复制和伪平台身份功能的可更改外部数据库	以太坊、EOS、NEM
19	婚恋网站	消费者服务	平台代币	P2P 保密	信任、延迟、文书工作	DAO（去中心化自治组织）	工序流程及共识机制的自动化。带有复制和伪平台身份功能的可更改外部数据库	以太坊、EOS、NEM

序号	应用		加密资产	领域	关键事件	实施方法	关键点	平台选择
20	房地产租赁、购买、销售	消费者服务	平台代币	P2P 保密	信任、延迟、文书工作	DAO（去中心化自治组织）	工序流程及共识机制的自动化。带有复制和伪平台身份功能的可更改外部数据库	以太坊、EOS、NEM
21	忠诚度	消费者服务	平台代币	P2P 市场	信任、延迟、文书工作	DAO（去中心化自治组织）	工序流程及共识机制的自动化。带有复制和伪平台身份功能的可更改外部数据库	以太坊、ECS、NEM
22	网络销售	消费者服务	平台代币	P2P 市场	信任、延迟、文书工作	DAO（去中心化自治组织）	工序流程及共识机制的自动化。带有复制和伪平台身份功能的可更改外部数据库	以太坊、EOS、NEM
23	个人贷款	消费者服务	平台代币	P2P 市场	信任、延迟、文书工作	DAO（去中心化自治组织）	工序流程及共识机制的自动化。带有复制和伪平台身份功能的可更改外部数据库	以太坊、EOS、NEM
24	培训	导师	平台代币	P2P 市场	信任、延迟、文书工作	DAO（去中心化自治组织）	工序流程及共识机制的自动化。带有复制和伪平台身份功能的可更改外部数据库	以太坊、EOS、NEM

序号	应用	加密资产	领域	关键事件	实施方法	关键点	平台选择
25	专业技术咨询	导师	平台代币	P2P 市场	信任、延迟、文书工作	DAO（去中心化自治组织）	工序流程及共识机制的自动化。带有复制和伪平台身份功能的可更改外部数据库	以太坊、EOS、NEM
26	物流市场	B2B 服务	平台代币	P2P 市场	信任、延迟、文书工作	DAO（去中心化自治组织）	工序流程及共识机制的自动化。带有复制和伪平台身份功能的可更改外部数据库	以太坊、EOS、NEM
27	租赁、骑行共享	实际资产-钥匙	平台代币	P2P 市场	信任、延迟、文书工作	DAO（去中心化自治组织）	工序流程及共识机制的自动化。带有复制和伪平台身份功能的可更改外部数据库	以太坊、EOS、NEM
28	宾馆、房子共享	实际资产-钥匙	平台代币	P2P 市场	信任、延迟、文书工作	DAO（去中心化自治组织）	工序流程及共识机制的自动化。带有复制和伪平台身份功能的可更改外部数据库	以太坊、EOS、NEM
29	折扣与代金券	忠诚度	平台代币	P2P 市场	信任、延迟、文书工作	DAO（去中心化自治组织）	工序流程及共识机制的自动化。带有复制和伪平台身份功能的可更改外部数据库	以太坊、EOS、NEM

序号	应用		加密资产	领域	关键事件	实施方法	关键点	平台选择
30	预测市场	专业知识交易	平台代币	P2P市场	信任、延迟、文书工作	DAO（去中心化自治组织）	工序流程及共识机制的自动化。带有复制和伪平台身份功能的可更改外部数据库	以太坊、EOS、NEM
31	制药		验证	不适用	原始供应链	信任、延迟、文书工作	许可链、公共访问	工序流程及共识机制的自动化。带有复制和伪平台身份功能的可更改外部数据库	以太坊、EOS、NEM
32	农业追踪		验证	不适用	原始供应链	信任、延迟、文书工作	许可链、公共访问	工序流程及共识机制的自动化。带有复制和伪平台身份功能的可更改外部数据库	以太坊、EOS、NEM
33	媒体		验证	平台代币	原始信息	信任、延迟、文书工作	DAO（去中心化自治组织）	工序流程及共识机制的自动化。带有复制和伪平台身份功能的可更改外部数据库	以太坊、EOS、NEM
34	艺术家、创作者、品牌拥有者市场		验证	平台代币	原始知识产权	信任、延迟、文书工作	DAO（去中心化自治组织）	工序流程及共识机制的自动化。带有复制和伪平台身份功能的可更改外部数据库	以太坊、ECS、NEM

序号	应用		加密资产	领域	关键事件	实施方法	关键点	平台选择
35	专利、版权、商标、权利保留、奖励、认证	无形资产	平台代币	原始知识产权	信任、延迟、文书工作	DAO（去中心化自治组织）	工序流程及共识机制的自动化。带有复制和伪平台身份功能的可更改外部数据库	以太坊、EOS、NEM

**个人详细信息由社交媒体、保密地点、电商门户网站、金融公司、移动应用平台等自由曝光和兑现，需要考虑 GDPR 风险。

人工智能
区块链书系

扫码购买

打开微信扫一扫
获得深度解读、思维导图、
精选书单及更多热点资讯
领略智能新生活

极简人工智能：
你一定爱读的AI通识书

区块链 人工智能 数字货币：
黑科技让生活更美好？

无界：
人工智能时代的认知升级

新未来简史：
区块链、人工智能、
大数据陷阱与数字化生活

未来互联网：
人工智能 数字社会 场景革命

区块链与人工智能：
数字经济新时代

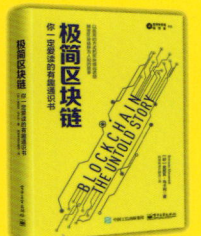

极简区块链：
你一定爱读的有趣通识书

从零开始学区块链：
区块链原理、技术、实践与应用